Bruno Merle

Ombres portées

Le Merle Chanteur

Du même auteur :

Absence, suivi de Blancheur et 10 poèmes
Méridienne
L'Atelier
Parole d'oiseau

© 2015 Bruno Merle
Tous droits de traduction, d'adaptation et de reproduction interdits

Edition : BoD - Books on Demand
12/14 rond-point des Champs Elysées
75008 Paris

Ecriture

*Elle avance en ligne
Nous fait baisser la tête
Les mots défilent en beaux soldats*

*C'est la vie rognée
C'est l' affiche toujours périmée.*

ECRIRE

C'est une feuille oblongue qui se déroule à l'est.

Sa texture serait satinée s'il n'y avait pas ces petits grains contrariants qui l'éclaboussent comme une vérole.

Jamais blanche, elle vole devant nous, bâillonne l'horizon.

Elle va nous dévorer.

Nous ne pouvons la saisir, ce serait mortel, rapidement. Nous pourrions l'ignorer si notre respiration encore possible parvenait à nous dissoudre, à nous éthérer. Alors, et à condition de ne jamais suspendre notre souffle cahotant, nous pourrions assurer notre survie, le regard toujours au-delà, nos milliards d'iris fixés sur l'informe présent en fuite.

ECRIRE (2)

Soudain la plume se penche au dessus du trou, elle n'a plus pied, l'abysse lui fait peur. Elle plonge dans une eau opaque, sa pointe ouvre aux poissons la maille, des écailles ont lui mais il est trop tard pour les rattraper.

Lance imprécise, bataille au fond des mers.

LECTEUR

J'aime que tu me lises, que tes cils caressent l'épiderme hérissé de ma ligne... ces fourmis, qui rampantes, qui debout, défilent sans drapeau sur le grain blanc, évitant prudemment de sombrer dans l'abîme de la tranche.

Fourmis pleutres qui suivent leurs soeurs qui, pleutres, suivent leurs soeurs... Laquelle est à la tête de ce lacet prisonnier des pages?.. Qui guette le moment de nous serrer le cou.

Merci d'accompagner le cortège, ta lecture devine mon index qui s'est agité comme un tachygraphe, pressé de repousser le suicide inéluctable de l'écriture.

Tout au bout les bestioles s'entassent en un monceau ridicule que, le jour venu, les imprimeurs cachent sous la carpette. C'est là, lecteur, que tu nous laisses, petites fourmis mortes pour la patrie.

LECTEUR (2)

Lecteur, prenons garde. Tu as ouvert ces pages et te voici sur le qui-vive... Ce récit va-t-il combler tes attentes? Vas-tu trouver là un répit à ta vie tourmentée? Ou lire ce que tu sais mais ne peux dire toi-même? Ou encore participer à une exhumation de secrets enfouis? Ou peut-être rire, te laisser berner par une histoire extraordinaire?

Je me méfie car tu épies. Et moi à ton insu je te tends un piège, cent pièges, à chaque ligne, à chaque crissement de mon stylo sur le papier. On se guette tous les deux. Si ma souffrance était si terrible, ma félicité si parfaite, je serais bien incapable de les coucher l'une et l'autre sur le papier dans le but que tu y prennes part. Et si tu étais en ce moment suffisamment sûr de tes joies, de tes peines, tu ne viendrais pas fouiner chez moi. Tous deux interlopes. Imposteurs?

En outre, tu vas te délecter ou subir, scrutant style ou maladresse, t'interroger sur la résonance de ces phrases. Tu t'arrêteras à l'encoignure des mots comme je me suis tû au moment où ils sombraient dans leur mystère. Leur vérité que nous n'aurons ni l'un ni l'autre atteinte se trouvant juste là où tu ne peux lire, juste là où je ne peux écrire. On va jouer comme ça pendant des siècles, avec des airs de connaisseurs meurtris. Ce sont ces airs-là qui me déplaisent.

Mais que faire? Artaud et quelques autres ont refusé.

L'autre jour, de grosses vagues roulaient nos enfants sur la plage. Belle pagaille et chevelures mouillées. Les voix éclatantes de tous les mômes chantaient la vie comme mille ans de littérature ne pourront jamais y parvenir. A cet instant j'ai pensé à toi et t'aurais voulu là, je t'aurais pris dans mes bras, pris comme témoin. Mais nous voilà contraints au différé, aux réminiscences toi et moi.

Ta manière de faire tiennes mes impressions, de t'accaparer mes doutes me déplaît. Je n'aime pas mon habitude à te les confier. Nous serons sans fin à côté du ruisseau qui coule. Il doit y avoir quelque chose pourtant qui nous pousse à ce manège, je pressens quelque intérêt sournois, un troc sous cape d'impuissances mutuelles. Ou la main d'un dieu ennuyé? Eucharistie de boudoir.

Pire encore si tu paies monnaie

sonnante pour obtenir le droit de trébucher avec moi. Et si moi je prends.

Je peux te raconter par exemple une journée de vacances, une autre :

Près de María, étendu sur le sable, j'observe par intermittence son regard afin de vérifier si, comme le mien, il se pose sur les corps plus ou moins attirants qui nous entourent, s'il s'attache aux démarches chaloupées des gars bien bâtis. Visiblement non, María dirige son attention vers le ciel, puis sur nos enfants qui s'ébattent dans l'eau. J'en conclus bêtement qu'elle est plus pure et plus dévouée que je ne le suis. Je passe les deux heures restantes dans un état d'intranquillité diffuse, entre plongeons dans les flots au côté de nos enfants et moments de repos apparent. Je reçois ce mal-être comme mon pain quotidien, la chaleur ensommeillante du lieu m'empêche d'analyser les causes, je suis fatigué d'analyser les causes.

Sébastien et Ange ne sortent pas de l'eau. María court de temps à autres les rejoindre mais aujourd'hui tous trois ne semblent pas partager ces instants de détente avec beaucoup d'allégresse. Les rouleaux exceptionnellement vigoureux de la Méditerranée apportent aux enfants une décharge de joie subite, toutefois je suis convaincu que, sans cette énergie extérieure qui les stimule, ils tomberaient dans l'apathie. Je m'inquiète : auront-ils la force de vivre? Ou seront-ils à la merci des vagues?

C'est à ce moment que la faute pénétre mon front et que tout commence...

Le vent se lève, les familles

plient les parasols, rangent les serviettes et désertent l' immense plage. A six heures nous restons seuls, rhabillés à cause du vent mais seuls devant la mer subitement démontée. Il n' y a plus aucun véhicule, là-bas, sur le parking et cela nous saisit d'inquiétude. Notre Renault blanche, garée près d'une baraque en bois, a changé de couleur, elle est devenue verte et au bout de l'antenne flotte une sorte de drapeau sur lequel on peut vaguement déchiffrer: FOOT... EZ... LE... QUAND!.. … Hébétés, nous nous regardons tous les quatre, Ange et Séb nous serrent la taille de leurs bras tremblants. Que se passe-t-il? Pourquoi cette menace? Nous scrutons au loin: à l'est, des brumes voilent ce qui ressemble à des immeubles, ceux de F... Au couchant, de lourds nuages bruns s'enflent démesurément, occupant une large part du ciel. Avant que les enfants ne se mettent à pleurer je leur dis :

-Attendez! S'il fallait foutre le camp, si ce drapeau nous donnait un ordre impérieux devant un risque mortel ou une fin du monde, le message ne serait pas écrit de cette manière. Les baigneurs sont tous partis comme s'ils connaissaient le danger, et nous pas. Le message n'est pas ce que l'on comprend.

María et les enfants attendent de moi maintenant que je les sauve d'un péril imminent, je me trouve dans l'obligation d'assurer les manoeuvres. Moi qui suis sujet à l'affolement, qui perds mes moyens dans les situations inconnues, je parviens curieusement à réfléchir comme si la peur me rendait lucide : nos vies sont jouées d'avance, par ma faute sans doute, et cette nouvelle donne funèbre n'est finalement pas si nouvelle.

María grelotte.
-Pourquoi le foot? Et pourquoi «quand»?.. Le temps?.. Donner un coup de pied au temps?.. Le message est-il d'ordre philosophique?.. J'interroge, surpris moi-même par ces suppositions puériles. Ou bien faut-il fuir mais pas de n'importe quelle manière?

María hurle :
- On s'en fout! Il faut partir, on se fout de ce que ça veut dire ou pas dire!!!
Elle a raison, même si ce message est codé cela n'empêche pas de déguerpir et tenter de résoudre plus tard. Suffisamment d'éléments étranges nous y poussent. Pour quelle raison alors faut-il que je déchiffre en cet instant de péril?

Soudain une pluie battante s'abat sur nous. Nous courons avec à la main notre parasol, nos sacs et nos chaussures. Les enfants se mettent à crier puis à pousser des gémissements aigus, continus, qui s'échappent de leurs lèvres comme un lacrymosa entrecoupé de rafales de vent. Près de la voiture nous lâchons ce que nous tenons, la clé à distance dans ma poche fonctionne et libère les verrous. Tout me paraît faux: ni la technique ni la vitesse ne nous sauveront. Nous nous jetons dans l'auto et filons vers notre destin incertain...

Devrais-je te raconter, lecteur, ce qui a suivi, le soir, le lendemain, les mois suivants, t'inscrire les vicissitudes, aléas, aventures, émotions et sentiments qui ont tissé depuis lors nos existences? L' imposture, malgré mes efforts et malgré ton écoute, serait encore là. Tu ne saurais entendre que si tu nous rejoignais dans le souffle haletant des enfants en détresse. Ce souffle que ni

María ni moi n'avons pu reprendre car le deuil qui suit la douleur n'est qu'un abandon de plus.

Mais filons la laine...

Aujourd'hui Séb fête son anniversaire, c'est la première fois que je vois son sourire depuis ce jour de tempête et de voiture-fantôme. Ange et María s'affairent dans la cuisine, exceptionnellement réunies pour l'occasion, et finissent de planter les vingt-deux bougies sur le gâteau. Trois amis de Séb trinquent dans le salon à sa santé. Je m'adresse à toi depuis le cagibi de verre dans lequel je suis enfermé. Je peux te parler, je ne peux pas te toucher (ou alors ton coeur, mais...). Il me faut hurler pour être à peine audible et je ne perçois de l'extérieur que les images, les sons s'arrêtant à la surface du verre qui m'entoure, exceptées les sirènes et les détonations fracassantes. Je peux tout à fait imaginer l'odeur des bougies sur le gâteau une fois éteintes mais mes narines ne sentiront qu'une idée. María , Séb et Ange n'ont plus jamais évoqué l'étrange journée. Dès le lendemain, nous étions dans une vieille maison de la tante de María. Nous nous y sommes installés peu à peu, sans véritable souvenir de notre appartement de F... subitement abandonné.

Je suis rentré dans le cagibi près de la cuisine le premier soir, sous les regards entendus de ma femme, de mon fils, de ma fille. Aucun juge, aucune parole ne furent nécessaires. Plus tard on a amélioré le réduit de façon à pouvoir orienter les ouvertures vitrées puis c'est devenu une vraie cage de verre. Maintenant que des chercheurs de la Faculté de F... ont été sollicités, il semble que l'on pourra éliminer le verre en substance et le remplacer par une sorte d'auréole transparente composée de rayons infranchissables. Ensuite on pense conditionner mon regard et mon ouïe afin que je respecte la séparation et stoppe la communication de manière autonome.

Mes pensées bien sûr, mes paroles, mes questionnements au moment de la tempête, au sujet de la banderole, de notre voiture soudain devenue verte, ont révélé une faute impardonnable, une inadaptation inconvenante. Le cagibi est devenu naturellement ma place. Les doutes, les doutes sempiternels cognent à ses parois comme des fauves.

Je peux néanmoins t'écrire de là où je suis. Tu peux me voir. Pas me toucher, même pas mon coeur. Lecteur!

La nuit en cachette j'essaie de résoudre l'énigme: tous les baigneurs enfuis si vite, les nuages, l'horizon fermé, les autos disparues et cette incertaine et ridicule inscription sur l'antenne. Et la couleur de la voiture! Et puis la voix tonitruante de María qui déversait sur moi un torrent de haine. Sébastien et Ange, sept et dix ans à l'époque, nous serrant de leurs petits bras, leurs visages levés, implorant non pas nos regards mais le rayon que faisait l'échange de nos quatre pupilles (c'était au moment où l'orage se mit à nous toucher de ses grosses gouttes). Le drapeau n'était-il pas simplement une vieille banderole de supporteur accrochée par le vent à l'antenne? Pliée, déchirée, ne laissant deviner que certains mots, certaines lettres : Foot... All... ez... Le... Quand?.. Que sais-je encore? Quant à la couleur verte de la voiture : la lumière basse laissée par l'imminence de la tempête et le reflet de la mer assombrie ont pu nous tromper.

Mais cela est secondaire. La vraie question est de savoir pourquoi personne, absolument personne, ne nous a prévenus. Pire : nous ne nous sommes pas préoccupés de la désertion inattendue de la plage. Etait-ce un piège? Ou un aveuglement de notre part? Et qui comprendra ma réaction mentale, verbale?

Maintenant tout est calme, nous n'avons pas de réponses car nous ne cherchons plus. Nous souhaitons un anniversaire et participons ainsi à la vie, moi autant que les autres : c'est souvent le petit chien le plus heureux de la fête, qui remue sa queue, saute et aboie joyeusement laissant aux rires et embrassades leur lourde humanité.

A cette heure, lecteur, la question de nous rejoindre ou de nous abuser n'est plus à l'ordre du jour. La bulle que tous possédons annule et explique enfin. En écrivant depuis ma cage il semblerait que le jeu d'erreur entre nous n'existe plus : plus de jeu, plus d'erreur. J'envoie donc dans l'immense rire, celui qui se cache au fond de l'univers et qui est cause de tout, ces mots sans voix.

DÉ

Dé avait pris ce soir-là le visage de la femme qui sait tout et t'aime de perfection.

C'était, je prendrai le temps de tout vous dire, comme un déclin lumineux, une douceur longue et nouvelle, nouvelle et sue à la fois. Je sombrais dans les bras de Dé comme dans un énigmatique berceau molletonné, conscient mais insouciant du péril mortel qui en était la condition.

Dé m'avait toujours heurté, humilié quand je m'efforçais de m'en débarrasser par les fêtes et les challenges, quand je tentais de la maudire et la penser fille du Diable, quand je me débattais de mes mains pleines de dialectiques éperdues. Dé, mon ennemie, mon ombre moqueuse et toujours là. Je courais : plages, voyages, sport, babillages, rêves, cris… fuyais… Enfin, les mains coupées, je faisais montre de trouver un équilibre parmi les sagesses du petit monde. Quand comme un tonnerre une voix a crié :

AIME TON DÉSESPOIR!

Alors Dé a pris le visage de la femme qui sait tout et t'aime de perfection.

Dé! Pourquoi m'as-tu lanciné puis évanoui? Pourquoi as-tu agité sous mes yeux la cape rouge qui enfurie et désespère, quand je découvre aujourd'hui que tu es née avec moi et que ton souffle a la cadence macabre mais attendri d'un éventail? Dé, comment ai-je fait pour croire à ton maléfice et ignorer mon arrogance? Tu me tendais le miroir au fond de ton abîme. Je n'ai pas vu le miroir, je n'ai vu que l'abîme. Pardon. Reviens. Laisse-moi le temps, vite je te promets, de retrouver tes poings dans les miens. Tous deux plongeons dans ce nous fait de pleurs, mais qui est nous!

Je dirai tout. Aujourd'hui Dé a son visage exact, je peux le décrire, te décrire : yeux noirs, encore plus noirs, ayant caché la lumière tout autour, et des pommettes saillantes et des joues qui se tendent pour offrir des lèvres dessinées par un sourire qui naît toujours. Je dirai aussi la froideur sépulcrale de ton absence et tu me cries :

AIME TON DÉSESPOIR!

Nés hors de la joie, avançons

enfin sur notre parchemin, ne ressentons que l'éclair d'être à nous, marchons vers notre improbable lumière faite de tragiques turpitudes, d'essais mélancoliques, d'insistantes parties perdues. Portons, les yeux dans les yeux, notre naissance au malheur.

Il y avait au début, avant le début, la marque de la mort et j'étais capable de fabriquer de petits cercueils de terre cuite, de tendre aux arbres des cordes de pendus, en jouant. Pas de refus de ce destin qui m'avait choisi, pas de regards apeurés et distants. Hélas, les mots, les livres, les modes du siècle ont été assez forts pour me faire craindre l'évidence de mon chemin. Dé, je sais maintenant que tu es la compagne la plus âpre, la plus décourageante et la plus cruelle que le Ciel puisse donner, d'autres m'ont tendu la main mais c'est vers toi que je reviens parce que tu me connais si bien. Je trébuche, rampe sous ton implacable noirceur, mais c'est toi que je discerne le mieux. Serions-nous fatigués de ces découragements sempiternels? Nous y revenons, ignorant d'autres sources d'existence. Jamais rassasiés du néant, nous luttons pour le perdre et n'arrivons cependant jamais à vider sa coupe insondable, nous ne parvenons qu'à nous esseuler l'un et l'autre. Restons corps à corps, haletant d'un feu rapace qui brûle bois, brindilles, sol et qui finira par se dévorer lui-même.

Qu'il est douloureux de te savoir à jamais ma fiancée, moins douloureux alors de choisir de t'aimer. Même forcé de jeter dans l'oubli d'autres chevelures, d'autres visages, et les frères d'une autre enfance. J'ai même imaginé, Dé, que nous pourrions laisser sourdre le timbre de la fêlure au travers des interstices qui apparaissent parfois dans l'épaisseur de l'Univers. Bien sûr, de l'Univers nous n'atteindrons pas l'indifférence tapageuse, mais y aura-t-il parmi les êtres qu'il dévore une oreille assez fine pour se reconnaître? Pour entendre le terrible refrain? Nous serait-il salutaire de déposer, du bout de nos doigts cassés, un petit cailloux sur la margelle du puits dans lequel nous coulons? Sur le bord du cratère au milieu de l'Univers? Nous pourrions alors chanter, à trois, à quatre, et ressentir l'amertume, enfin partagée.

Sais-tu d'où j'écris ces mots? Ils viennent d'un pays trop ancien pour que les hommes s'en souviennent, ils viennent de plus loin que ce miroir tombé au fond de ton abîme, d'au-delà des rayons qu'il renvoie. Ils viennent de ce mirage tremblant que font les astres et notre rétine quand ils se surveillent.

LES MOTS

Il aurait fallu colliser les mots après les avoir dépecés car les mots enferment plus qu'ils ne disent. Nommer réduit, nommer muselle l'innocence. Mot, mort, qu'un petit air de différence. Il aurait fallu taillader dans leurs sphères afin que s'y nichent les couleurs, qu'y résonne l'Univers, les rendre perméables. Non plus des boîtes mais des prismes.

Il aurait fallu les éclairer, les chauffer, les pénétrer du souffle.

Impossible! Allez-vous me dire. Comment faire entrer une locomotive dans un mot?

C'est vrai. Pourtant, encore ce

matin, un mot que j'ai vu, de mes yeux vu, s'est teinté d'un espace immense, a tinté (muette différence) d'un rire tout droit venu de sa droite. Au coin de cet espace un employé du registre se mit à raconter des choses qu'on n'avait jamais entendues. Une brise jouait en ce mot qui dans une soudaine modestie ouvrait la ronde de ses lettres. Oubliant sa trompeuse exactitude.

Vocable délesté, sans azimut, il prit en lui une piste d'aéroport vombrissante alors qu'il était né si petit, si mesuré, il apparaissait à mes oreilles transpercé de lumière. Ce n'est rien de le dire, entendre un mot rire! Et si compréhensif.

Mot idéal qui mourait à la vie. Plein de confiance en nous, pas l'inverse.

LES MOTS (2)

Les mots n'ont pas de certitude. Ils parlotent, s'évaguent et nous indéfinissent. Avocats de peu, ils tombent comme des barreaux, cela nous blanchit de liberté.

Bondir de l'un à l'autre, n'en goûter qu'un soupçon. Butiner le dictionnaire.

LETTRES VOLÉES

Ah!..
Il adore les gâteux à la pistace, les oeufs, le poisson frit.
Oh!
Il s'en enguffre plein la bouce.
Berk!
Il souffle comme un oeuf, le nez dans l'assitte et tinque à la voda.
Quoi?
Il casse la couille des oeufs, ouvre grand la boche, après quoi il s'attaque au pisson, s'en gonfre sans façon.
Ha!..
Sale cocon, si j'étais ta mère je t'enverrais pître. Et plus vite que ça!
Non!
Ne fais pas ça mama, je vais être un enfant pli. Je suis grad maintenant.

TRIBULATIONS

Arrivé là, devant la feuille blanche, je demande la mairie. Les gendarmes m'indiquent à droite. Je rentre. V'la-t-y pas que j'rate le métro. Des patates! Il y avait des patates partout! Pas dégonflé, je prends le maire et lui mords la radicelle. On m'indique l'Hôtel-de-Ville, alors je prends le bottin. Je tombe sur une page jaune : le bottin était trop vieux. Je file dans un taxi, histoire de m'esbracourer, je l'arrête, je paye l'épicière et claque des doigts la porte. Hôpital! En ambulance! Pin Pon, Pin Pon, Fla Chou, Ra Dou Dou. Mais y'avait pas de métro, je serre donc le ticket entre les dents et je sors...

Des patates! Même avec un

piochon, impossible de les rater. De partout sur le sol, dans la bouche de métro. Je trouve une radicelle, celle du maire. Y m'disent: «Vous aviez qu'à pas demander la mairie!». On me juge alors illico presto sur le tas. Je suis condamné à continuer. Je prends l'Hôtel-de-Ville, lui demande le maire. Je me dirige donc à la mairie mais la radio était fermée. Plus de boutons. Les gendarmes arrivent complètement ébravagés et me demandent s'il fait beau. Alors je rétorque… D'ailleurs y'avait rien à la télé… Ils m'offrent une cigarette, je la leur donne et ils la mettent dans une tramouillette verte. Pendant ce temps j'en profite pour m'enfuir avec la page jaune. « Attendez! Attendez!.. » qu'y gueulaient. Y m'rattrapent pas et y m'foutent en cabane. Des patates! De partout! J'allume la cigarette et j'cours aux objets trouvés. L'infirmière me dit : «Vous êtes absent, dépêchez-vous!»

Impossible!!! Le ticket est à l'Hôtel-de-Ville! J'y cours sans oublier la radicelle et la tramouillette mais j'peux pas ouvrir, la patate est coincée.

DIAGNOSTIC

Le patient est atteint d'un trouble d'enlisement chronique dû à une tendance innée et absolue au doute. Le schéma mental mis en place est privé de sa capacité à décider sans assurance divine (Syndrome de « personne »). Cette altération de l'esprit se traduit sur le plan moteur par une apathie existentielle des organes oculaires, corrolaire à une déficience d'action généralisée. Les tests réalisés au cours des vingt dernières années font apparaître qu'un traitement à base d'idées saugrenus, élaborées en chambre avec le concours exclusif du patient (concours placébo) pourrait momentanément et de manière partielle combler la faille existante et permettre une amélioration artificielle.

Le pronostic est réservé quant à la disparition, même à court terme, du trouble. Aucune molécule ne pourra modifier l'organisation neuropsychique du patient tant qu'une opération d'ordre céleste (opération du Saint Esprit) ne sera mise en place.

A l'heure actuelle, nous sommes dans l'incapacité de fournir ces soins.

Eloge au défilé

EN FANFARE

Le basson l'hélicon
Au grand coeur d'éléphant
Festonnent les allées
D'olifants fanfarons

On sent que ça va péter
Ça y est ça pète
Chim Boum Chim Boum
...

Le trottoir tout gaillard
Est monté dans le train
Chim Boum Chim Boum
La ville dénoue ses tresses
Et lève ses grosses fesses

La grosse caisse tonne
Au fond de nos bedonnes
Chim Boum Chim Boum
Tympan du pachyderme
Frisson des épidermes

Cornets barytons
Tubas et clairons
On sent que ça va péter
Chim Boum Chim Boum
Ça y est ça pète
Ca pète et ça répète

Clarinette !

LA VIE Á VÉLO

On peut toujours prendre la vie par petits bouts, sans y toucher, comme les poules. Se passer l'un l'autre, prudemment, cette boule de feu venue du Big Bang et qu'on appelle amour. On peut toujours dévider, se pelotoner et crier.

On peut aussi picorer entre tes seins la goutte de sueur qui était nous.

Comme les hirondelles...

Les cyclistes atteignaient le col, les mollets en prière. Sur leur peau brunie coulaient des cascades salées et on ne savait pas où cela allait finir. L'arrivée s'était dissoute dans le souffle des coureurs, dans le vent du peloton.

Et maintenant cheminaient cinquante-six pénitents andalous aux muscles contrits de lenteur, les yeux troués par le drapeau piquant du ciel.

Tout cela avançait parmi la liesse des familles au bord des fossés, qui rêvaient qu'un jour leur petit champion fût encore plus beau.

Et on haletait en voulant courir pendant que là-haut sonnait le La de toute vie : mon frère, ma soeur, nos joies passées, nos présents et ta joue toujours, ta joue toujours.

- Pierre, où as-tu mis la lampe à huile?

- Dans ma poche mais je cours et ma poche se vide.

- Sors vite du peloton, enlève ta cagoule, ton silice et jette ton cierge.

Fouille ta poche, retiens tes jambes. Regarde les coureurs qui avancent doucement, reste avec leur fatigue, regarde les hirondelles sur le bord de la route et crache le remords et la seringue de l'entraîneur. Pense au goudron si brut, et si doux sous le caoutchouc de ta roue. Glisse ta vie là, juste au point qui s'en va toujours. Tout est là, entre la route et le caoutchouc.

Le monde pour se connaître aurait besoin qu'une partie de lui-même (contenant en elle le tout) s'éloigne et observe. Or la distance nécessaire fera que la partie observatrice sera, juste au moment où elle pourra connaître, trop éloignée pour être encore de ce monde. C'est là : quand naît la connaissance, le monde s'ignore. Contradiction perpétuelle, douleur et contrition pour l'homme, peloton et procession, contraction des muscles et contrition de l'âme, goutte de cire, goutte de sueur... La connaissance est ce point fuyant entre la route et le caoutchouc, comme une oraison sans fin. Son foyer mouvant est le souffle. Le cycliste haletant, les yeux dans sa roue, en est proche.

ÉLOGE AU DÉFILÉ

ou

Quand le monde passe à ma fenêtre

Aimez ce qui passe : défilés, processions, parades, Tour de France... Ce sont des hochets dans notre ciel sans berceau.

Les coureurs du peloton en arrivant au col sont rejoints par les pénitents, ou transformés en pénitents (voir « La vie à vélo »). Leur salut se trouve dans cette permanente insolution qu'est le contact du pneu sur le goudron, dans cet instant qui s'échappe sous leurs yeux et bâtit un équilibre, pendant que leurs corps ruisselant se dématérialisent, que leurs masses, dont ils ressentent l'alourdissement progressif et douloureux, touchent à l'évanescence, que leur sueur s'évapore. Leur vie se glisse entre la roue et le bitum, juste là. Certitude physique, expérience de l'esprit, ils pédalent sur la voie des pénitents dont les yeux troués rêvent à la divinité qu'ils escortent. Les pénitents qui traversent la rue tels des grains au goulet du sablier.

Que signifient tous ces événements qui se font « en passant »? Les défilés, les cortèges, les marathons, les parades nous apportent le monde sur un plateau! Il nous suffit de rester immobiles, d'autres font pour nous le déplacement et ajoutent à leur métier un mérite singulier, ils viennent se présenter, en images, en musique, à une cadence qu'ils ont choisie pour notre confort ou pour notre douleur. Ils nous bichonnent. Le coureur, le musicien, la danseuse de Samba toquent à notre pupille. Et la reine, et le roi et même la Sainte Vierge!

Théâtres, cirques, salles, stades sont beaucoup moins généreux, comme retenus en eux et comme disant : venez nous chercher. Certes on pourra opiner que le défilé pèche par excès d'exhibition, par un m'as-tu-vu envahissant, mais l'intention du protagoniste est plus subtile. Enfant de chœur (Rogations, Chemins de Croix), joueur de clairon (cinq notes) dans la fanfare, coureur cycliste (à neuf ans), pénitent *(Confrérie du Cristo de las tres Caidas y Virgen de Loreto),* il y a grâce à être vu « en passant ». Et cela produit un double effet chez le spectateur : le profond bonheur d'être au centre du spectacle ou de la cérémonie, d'y être essentiel, indispensable et celui d'être digne de tant de faveur quand vingt, cent ou mille personnes se déplacent, s'efforcent, viennent en quelque sorte jouer à domicile. Echange d'énergie palpable, évident.

En avant marche, donc!

Naturellement je rêve d'inventer dans l'écriture une aussi jouissive manière de dire. Or c'est le livre, avec ses pages, qui pourrait donner au lecteur ce que prodigue un défilé.

Imaginez qu'une personne à votre côté tourne les pages pour vous, comme on le fait pour les enfants, une personne qui dans le silence saurait là où vous en êtes de votre lecture, devinerait votre cheminement tout en l'indiquant. L'effet serait décuplé, non pas par ce que l'effort des doigts changeant de page serait inexistant (certains mouillent le bout de leur index, c'est assez démodé) mais parce que, à l'instar du défilé, les mots passeraient devant vous d'eux-mêmes, chaleureusement offerts, stimulateurs. Combinaison extatique rappelant des expériences d'enfance heureuse au ciel du berceau.

Toutefois il est une autre raison plus essentielle à l'engouement des parades, un autre fondement qui situe de telles manifestations au coeur de notre existence de mortel : le temps qui passe...

Le temps qui passe? Ces mobilités clament justement le contraire! Ce n'est plus le temps qui passe, l'horloge affligeante de l'univers s'arrête, c'est maintenant ce que le temps avait l'habitude de toucher de sa baguette maléfique, qui avance, et qui passe, en pleine vie et toujours neuf et toujours naissant. L'équilibre, ou la fatalité, de notre monde reste satisfait : ça passe! Le temps peut aller se rhabiller! On n'a plus besoin de lui! Le monde est à nous, qui défile et se renouvelle, vingt, cent, mille fois jusqu'au dernier coup de la grosse caisse qui n'est que le premier pour mes voisins de trottoir, jusqu'à la voiture-balai collectionneuse amusée des minutes perdues, jusqu'au manteau doré de la Vierge qui s'en va là-bas... et ne fait qu'arriver.

TROTTOIR ET PASO*

L'image parfaite est soudain délogée de son reposoir. En majesté dans ses ors et brocarts, en sa pleine beauté, depuis son rang le plus haut (l'homme a travaillé pour honorer cet Absolu, a donné sa sueur, son art; il a puisé, élaboré… étoffes, pierres, or, ciselures), la voilà portée vers le dehors! Forcée en son écrin, en sa chapelle, sa basilique.

On ose aujourd'hui déplacer sa grâce irréelle et l'acheminer vers les regards, près des mains et des lèvres, sans barrières, sans défense.

Autour : affiches, néons, trottoirs suspects, vitrines racolleuses.

Les pénitents aveugles, les

prêtres, les musiciens, les encensoirs, les porteurs, insistent sur sa magnificience, la prônent et se prosternent; ils ne la hissent cependant pas assez haut pour qu'on ne puisse l'atteindre. Quelqu'un pourrait se jeter sur elle!

Le brouhaha se tait puis reprend dès qu'elle est passée. Se risquerait-on à la souillure malgré les habits du dimanche et ces étendarts pendus aux balcons?.. On la caresse du regard, on parle d'elle à son insu, on s'en rassasie maintenant qu'elle avance sur la chaussée.

Précieuse et vierge, convoitée, vue de près, apostrophée, frôlée, touchée par le vulgaire.

Oui aujourd'hui la règle est abolie, réalisé le rêve de te posséder en notre bas monde : nous te voyons plus que tu ne nous voies et nos doigts peuvent saisir le bas de ta robe, nos désirs atteindre ton oreille de chair, nos regards soutenir ton regard. Chance, honneur… Mais, dessous, quel étrange et secret plaisir : voler, franchir, toucher!.. Marcher sur le même trottoir qu' Elle.

Pendant ce temps de rauques jurements sortent par les fenêtrons des bistrots.

Moi, avant tout je suis ébahi et inquiet, comme écartelé entre la beauté sacrée de notre Vierge et ces voix de tripots éraillées. Trop de contraires mélangés.

Pris de vertige, je me sens l'ambassadeur (l'espion?) de l'un vers l'autre. J'hésite… Puis je m'engloutis et peu à peu comble la faille qui les désunit. Trottoir et Paso, Paso et trottoir, je suis pour une seconde lien, art et plénitude.

*Paso : pendant les processions de la Semaine Sainte, dais en bois sculpté de la Vierge ou du Christ, porté à dos d'homme, richement orné et fleuri, précédé de pénitents, fanfares, enfants de choeur... Ces statues ne sortent qu'à cette occasion bien qu'elles soient l'objet de dévotion tout au long de l'année.

PROCESSION

Ils vont doucement
Soutenir la nuit
Catafalques mûs
D'un pas retenu

Glisser des serments
Sous d'humbles bougies
Qu'un tremblant Jésus
Souffle et perpétue

Ils vont dans l'encens
Au bord de l'oubli
Berçant les statues
D'un pas retenu.

Proses imprévues

LA BALEINE ET L'OISEAU

Je ne vais pas vous raconter d'histoire
Une baleine un oiseau
C'est comme un gros bateau
Qui a perdu ses voiles.

LA CARESSE DU CIEL

C'est quand le ciel commençait à répandre l'encre violette des beaux soirs que le gamin, après avoir dévalé quatre à quatre les escaliers de la cour, enfourchait son vélo et partait. Une petite route communale traversait le hameau, en quelques coups de pédales on avait fait l'aller et le retour.

Parfois l'enfant poussait jusqu'au hameau voisin. C'était sur ce parcours qu'il aimait écouter son «vélo-radio» : le fil dénudé de la dynamo venait heurter les rayons de la roue. Un son métallique et monocorde s'égrenait au rythme des vitesses. Une chanson grêle et joyeuse qui racontait exactement l'instant de bonheur que l'enfant était en train de vivre : le parfum du crépuscule, le vol calligraphié des hirondelles, les travaux des champs enfin terminés, la certitude d'être libre.

Après bien des années, cette musique de fil de fer vibre bien plus qu'un souvenir, elle est le tintement inéquivoque que fait le Bon Dieu lorsqu'il rencontre un petit garçon. Elle est la caresse du ciel.

CASA BOULIEU

On y est venu en riant à dix-huit ans, laissant derrière notre épaule la lourde église villageoise. La grille ne s'ouvre pas, c'est la petite porte à côté qui permet, après avoir sonné, d'entrer. D'abord la cour, presqu'un jardin, puis l'escalier qu'on ne monte pas. Une autre porte au ras du sol, entrouverte sur l'obscurité. La cave est là, première étape où les générations de pères et de fils se récitent.

Les fûts, les verres, les années.

On y passe, on y reste le temps de jouir du fruit de la maison.

Au revoir. On ne s'en va pas.

Il y a la grave et belle demeure, ses fenêtres nombreuses. On sait par discrétion que le logis porte en lui de doux souvenirs, des lumières venues d'un Maroc ancien caressent encore ses murs. Il y a côté jardin un rêve, un autre-part inaccessible, honnoré de ceps et de roses. C'est la maison muette mais dont la grille de fer laisse passer le murmure des nostalgies. C'est la pierre et la vigne en lutte et en harmonie. C'est le cœur battant d'un sillon qui se creuse, blessé, prodigue.

AUBRAC

L'astronef

Il est mal aisé d'envisager superficiellement cette large étendue de pâtures et de serpentins aquatiques qu'est le plateau d'Aubrac. Cependant comme une mer figée où parmi les vagues rondes nous serions de minuscules écueils, cette région de France a le priviège des éthers.

A la contempler, à mi-hauteur, on est saisi d'abord par la lourde masse de terre et de granit qui la compose, et qui doit peser sur la planète telle un gros sabot clouté. La matière est épaisse. Lorsque le pied frappe le sol, il trouve la résistance du bois contre plomb. Ni dur, ni agressif, le terrain reste indifférent à nos trépignements. Un peu sourd.

Mais c'est compter sans le ciel! Surtout s'il est blanc l'hiver, bleu l'été. Là, le promeneur est tout à fait déconcerté... Il n'avait pas bien vu, n'avait pas lancé son regard au ras des crêtes, ne l'avait pas fait rebondir de sommets en creux. La saison en cours n'a plus de raison, les boursoufflures des nuées n'intimident plus la ligne d'horizon, au contraire elles l'entraînent irrésistiblement vers le haut, invitant dans la lévitation tout le plateau.

Il y a aussi les bœufs qui lentement cheminent près du ru aux eaux fécondes et qui s'en vont au loin prendre l'air sur leur astronef de pierres rondes.

AUBRAC (2)

Une nervure sur la poutre

En cette saison sur les bords givrés des routes, les arbres font preuve de robustesse. Leurs moignons rasés se lèvent comme des poings de bûcherons et ragent contre la transparence des cieux. Par bataillons clairsemés, incapables de cris, ils luttent en paralytiques têtus face au plateau éthéré de l'Aubrac.

«Restez donc assis à votre place!» voudraient-ils meugler, austères écoliers, aux dômes enneigés.

Les troncs gris aimeraient tant rassembler leurs bras dénudés afin d'être une résistance sérieuse à la paresse des collines…

Ces arbres auraient pu naître

armoires et en veulent aux dieux d'être les frères des fougères volubiles.

    Ce sont de bons gars qui ne connaissent pas leur force. On les taille pour qu'au printemps ils ne fassent pas trop d'ombrage aux pâturages et laissent aux vaches l'herbe verte et les jonquilles. On sait bien qu'ils sont du coin et qu'eux aussi vont se laisser boire par le ciel d'Aubrac quand, en juin, ce sera au tour des gros cailloux ronds, en tas au milieu des prés, d'être les cabochons du paysage.

    Raides par principe mais bons gars. Ils sont satisfaits de vous donner, quand on les a fait charpente, toute leur force. Et en les observant, couchés, on voit bien qu'au fond c'étaient eux les amoureux volages des cieux : ils ont gravé dans leurs nervures la douce ondulation des collines dans la brume.

EL LOBO

à Beatriz Lobo de la Vega.

Devant moi, entre deux fougères tremblantes, à peine touchées, s'est ouvert un chemin :

La grande forêt. Le soleil au ras du crêt, qui réchauffe encore les endroits humides que je foule. Mes poils couverts de boue. Je ne les ai pas léchés. Mon cœur qui bat avant la nuit parce que je trotte sur mon chemin entre les arbres et la longue plaine. La longue plaine que je connais mal, effrayante.

Champignon sous ma patte. Ici l'homme est passé. Je m'enfuis. Je trotte. Le souffle de l'air me rassure. Il n'apporte pas l'homme ce soir. Je cours léger. La forêt est profonde. Je la connais, je vais aller en elle retrouver les odeurs. On m'y attend. Un mulot s'enfuit. Croqué. Je suis loup. Un bruit! Quelquechose au fond du ciel! Je suis caché. Blotti sous les taillis. Mes pattes fatiguées. Je flaire! Un renard… J'entends un passereau. Ils sont bons parfois. L'humus pénètre mes narines, quelque chose remonte dans mon front. La chair de mes petits est là.

Je cours dans l'air du passé.

La plaine disparaît dans mon dos. Je n'ai pas peur. L'homme n'a pas été là. Mon poil est rêche et se frotte au tronc. Flanc maigre. Liberté.

Mes griffes touchent les brindilles. Mon museau les reconnaît. Paille. Ecureuil. Terre. Racine. Je ne croque pas. Je glisse. La plaine est loin.

Terrain de chasse. Affût. Bond. Fourrure. Sang.

Je cours jusque dans les âmes.

Nez levé. Le ciel est mauve. Silence. Thorax frémissant comme les feuilles du bois. Ma gueule essoufflée ramasse dans l'air les esprits du soir. Je sens le végétal et l'animal. Je hurle et mon hurlement s'enroule autour des cimes, file sous les tiges, se répand dans la solitude de la vallée et me revient chargé du monde. Je hurle… et mes frères s'unissent. Nos chants étreignent les montagnes. Nous aimons.

Aujourd'hui peu de vent. La forêt est verte, verte. Je cours sur la terre qui gronde.

Moineau. Fouine. J'atteins le creux. Eau. Je lape. Un lapin s'enfuit très loin, les petits sont nourris. Je m'enfonce dans les broussailles. Mon dos carressé par des griffes amicales. Chez moi. Il fait plus froid, plus sombre. Mes yeux sont deux maîtres, les crocs agiles de l'espace. Cris. Je me faufile, m'abaisse, rampe dans l'ornière de terre grasse. Odeur de poils, d'urine. Salpêtre qui se colle aux babines. Bruit! Quelquechose dans le ciel. Pas inquiétant. Je rampe. J'entends les petits, je les vois, les appelle. Ils répondent en miaulant. Je me couche, on se lèche, on se pourlèche. Ils sont chauds. Je suis au cœur du monde.

La plaine. Le ciel. La forêt. Les taillis. Pierres. Aujourd'hui, j'ai senti le sanglier, le chevreuil. J'ai dévoré le canard, rapporté le loir. Mes petits n'ont plus faim. Ils jouent dans le noir. Six yeux sourient dans la nuit. Mes petits! Vous me sentez? Là, sous mon ventre.

Vous me mordillez. Il faudra bientôt partir. Vos dents! Je vous apprendrai. Il faudra manger le monde. Vous êtes le monde, les feuilles, les cailloux, l'eau, le lapin. Vous sentez bon. Couchez-vous sur mes pattes pour les reposer. Et vous fuirez l'homme qui ne sait pas.

    Parfum. Fourrure. Miaulement. La lune. Le feuillage qui la cache. Mes petits. Longues courses... Notre tanière. Huit diamants. Hou... Hou... vers la lune qui est en nous!

LA CASSE

Ville. Direction sud. Banlieue. Nord. Banlieue ouest. Voie express. Feux. Céder le passage. Nationale. Panneaux. Voie ferrée. Publicités. Pylones. Nationale. Croisement. Publicités. Route prioritaire. Chemin de droite. Sable. Boue. Poubelles. Gravier. Décharge. Chemin. Grille. Chiens. Caisses rouillées. Chaîne. Cri. Appel. Réponse. « Eh!?.. Eh!?.. Oh! ». Main noire sortie d'un fenêtron sans carreau. Aboiements. Attente. Il fait 42 degrés à l'ombre.

Il y a quelques mois dans un autre pays, froid, c'était zéro degré au soleil. Pourtant l'endroit est le même : bord de Nationale, faubourg, chemin. Il en existe des milliers dans les deux hémisphères. L'odeur est toujours la même. Brûlé. Rouille. Les bruits rares. Le vrai silence aussi. La pâtée du chien est dans une écuelle de fer blanc sale. L'eau croupie de la dernière pluie.

Il fait 42 degrés. Je sors de la voiture, me dirige vers la voix du Oh. « Le chef? ». Un signe du menton. J'avance vers le fond. C'est une façon de parler, il n'y a pas vraiment de fond, il y des recoins. Il fait chaud. Le chef est là. «Vous avez du Mercedes? Un arbre de transmission». Silence… Le chef répond au téléphone. « On va voir ça ». Nouvelle attente. Le chef donne des ordres à ses employés. Rien n'est organisé, tout se fait sur l'instant, un travail peut être commencé un jour et fini un mois, un an plus tard ou jamais. C'est selon les besoins momentanés du client.

Il fait horriblement chaud. Ma chemise est trempée, mon pantalon colle et mes pieds enflent. Avec le chef

-Jefe– on se plante devant une épave de Mercedes 220, année 58, mon modèle. Nous nous glissons tous deux dessous. Tant pis pour ma chemise, il faut vérifier la pièce. La terre est noire de cambouis, la tôle brûlante. Une fois sous la carcasse, Salvador, c'est son nom, commence à desserrer les écrous de l'arbre. C'est une grosse pièce. Je lui passe les clés qu'il me demande. Salvador sue à inonder le parterre. Mais nous discutons. Nous parlons de tout et de rien. Nous ne nous connaissons pas. Mais je sais quelles sont ses passions, il sait les miennes. Il me parle de mon pays, moi du sien. Nous parlons de la vie, de la politique. De tout sauf de la chaleur. Sous cette carcasse chauffée à blanc par le soleil de deux heures, mois de juin, Espagne très méridionale. Mais cela pourrait être ailleurs, dans le janvier du nord. Ce sont des lieux étranges pleins d'histoires qui se taisent. Chaque véhicule, ou ce qu'il en reste, semble se désoler dans l'antichambre du néant. Posés, balancés, couchés, renversés, superposés, ils sont la dépouille de rêves, de richesses, de voyages ou celle du travail, de l'exténuement ou encore de l'horreur du destin en tôle froissée. J'aime passer dans leurs allées. Il y a toujours dans ces cimetières une impasse silencieuse où personne ne s'aventure. Une vieille Fiat, une Renault, une BMW sans chrome, l'une sur l'autre en face d'un tracteur sans pneu ni carreaux. Un rétroviseur brisé à terre, un levier de vitesse, un caoutchouc de pare-brise, un repose-tête trépanné… et le silence des tôles, l'odeur de l'huile froide. Pas vraiment de couleurs mais la solitude parmi ces souvenirs sans maîtres. Comme des fantômes en exil. L'imagination ne travaille pas, c'est une calendre fendue qui parle. Mais elle ne dit rien. La vie est là, de toute part qui assaille par son contraire. Ce sont les limbes, une extase au temps. J'aime toucher cette rouille encore fragile des ailes, la paille humide des fauteuils éventrés et faire jouer la direction de la Mégane Spéciale accidentée. L'objet est toujours chargé. Je vole des instants de conduite qui flottent et qui appartiennent à un oublieux. J'affectionne ces endroits sans toit et m'y rends comme un révérend visite les orphelinats.

Bureau. Radio. Billet. Cigarette. Sourire lourd. Chemin de sable. Nationale. Publicité pour automobile. Nationale. Mon automobile. Mes doigts sur la direction. Banlieue. Banlieue. Banlieue.

ALAMEDA

Il pleut encore. C'est la nuit et la lune est partie. Il pleut sans force dans les rues de l'Alameda, les chaises restent vides sur les seuils en ruine des maisons en ruine. Les hommes trouvent un charme nouveau à être dans les bars. Dedans est mieux que dehors. Avec moiteur. L'allure des filles est moins troublante quand les néons prennent en traître les rougeurs de la chair. L'atmosphère se purge. Leur maigreur, elle, devient un miroir tendu.

Sous les arches de briques, des vieux s'abritent de la pluie. Ils terminent de fumer et crachent dans le caniveau leurs glaires qui tourbillonnent mollement dans l'eau. Les patriarches de la guenille rêvent de voyage et s'en vont comme un radeau sur la chaussée du monde. Leur songe noyé, ils scrutent le ciel et n'y voient toujours rien.

La rue est calme, on écoute les clapotis. On entend des voix d'enfants qui s'échappent des fenêtres, des paroles nasillardes de radios. Il n'y a pas de match ce soir. La pluie se fait crachin, le crachin se fait éternel. Dans les cafés on patiente cependant, ce n'est pas la saison des parapluies. Pour une fois les hommes ont une raison d'attendre. Ils attendent la fin d'un phénomène naturel qui a commencé là-haut, dans les couches élevées du ciel, dans la mer aussi. Et que Dieu a inventé. Et qui est infaillible dans sa force. L'attente est noble, voilà pourquoi on parle à voix basse dans les cafés quand il pleut.

Des voitures passent. Les filles par réflexe tendent l'oreille ou s'approchent de la porte. Elles aussi regardent le ciel. Les rues de l'Alameda sont un temple.

Le temps se lève lentement. On pressent l'arrivée de la lourde chaleur. Des gamins apparaissent, comme s'ils n'avaient jamais existé. Ils vont acheter du tabac pour leur papa. Ils vont crier que tout peut recommencer. Sur un seuil en ruine, des jambes pâles s'étendent.

« Hola Guapo! Je te fais monter au ciel? » La lune est toujours absente, les canniveaux s'assèchent comme les oueds du désert. La rue se fait stérile. « C'est combien? »

LA PUEBLA DEL RÍO

Il est minuit passé quand nous débarquons à La Puebla. Venus pour négocier, nous arrivons trop tard et tombons en pleine feria. Enchantés du hasard, nous commençons par entrer dans une « caseta ». Ces chapiteaux sont le lieu où une fois l'an on se retrouve, on se dit et redit ce qu'on s'est dit pendant onze mois mais sur un autre mode, un mode feria. On montre, on se montre, on est joyeux en apparence et on se décide à être de tout son corps et de toute son âme cette apparence.

Première caseta, nous savons où nous mettons les pieds, nous ne connaissons personne mais avons l'habitude, en un demi-verre nous franchissons l'espace intergalaxique qui sépare la vie jouée de la vie jouante.

Conversations éclairs avec les voisins de comptoir, œillades sans illusion à leurs filles ou femmes entrées dans la danse. Quelques pas de sévillanes avec ces dernières, histoire de nous dire....

Ça y est nous sommes dans l'ambiance, la nôtre, celle de deux potes branchés sur une onde que leur histoire n'avait pas envisagée. Les ferias de «pueblos» sont tout le contraire des rires, la joie affichée va d'abord avec la bagnole ou la « finca » récemment acquise; certaines femmes ne sont pas dupes.

Comme le veut notre logique de «forasteros» adaptés, nous irons jusqu'à la fin. Nous passons de caseta en caseta, buvons, chantons, découvrons et faisons découvrir. Une ivresse comme une autre mais portée ici par une miriade de possibilités oculaires : à tout instant je peux abandonner le tableau coloré des robes et des mains frappées, celui de oeillets et des chignons, des lèvres et des hanches, pour porter mon attention sur la clope écrasée par le talon de la danseuse, sur la bouche rieuse de la fille qui momentanément fait office de serveuse, sur les deux étoiles qu'on aperçoit au dehors derrière le rideau mal fermé du chapiteau, ou encore sur la rivière miniature que font au sol les bières renversées, ou sur mes propres pieds chaussés de poussière et comme étonnés, ou sur les piliers, les toiles, les doigts, les dents, les bagues.

    Nouvelle caseta. Mais un seul souffle, un même son, sévillanissime pour tout dire. Le lien par la note et le rythme. Nous trinquons et nos verres font justement le bruit que nous pensions à cet instant : nous sommes au diapason.

Autre caseta. Ça devient plus sérieux, ici et à cette heure c'est qu'on l'a voulu. Moins de filles. Du Cognac et du gin au lieu de Manzanilla. Un pas vers l'issue des hommes. C'est génial comme on se comprend, la musique, les verres offerts, la connivance masculine. On finira tous au bordel. Nous parvenons à échapper à notre propre pente et filons, complices pour de vrai, vers la dernière caseta.

Nous sommes ravis de retrouver une famille, bien défaite il est vrai, mères, enfants, tantes et voisines de quartier. On rigole franchement. On est tous un peu enfant. Ça nous réchauffe car on se souvient qu'on a une famille. Et comme ils sont tendres et avenants, et comme nous pourrions être leurs fils. Nous nous regardons. Est-ce possible? Soyons qui nous sommes, écoutons le chuintement à nos oreilles... Nous partons pour ne plus revenir et décidons de vaguer parmi les HLM au cas où, au détour, nous tombions enfin sur le rade de notre salut, encore un autre, le dernier, pendant que tout près, à profusion, des casetas tendent leurs bras fatigués.

Egarés dans une impasse, nous nous épinglons par les épaulettes à une corde tendue là avec ses pinces à linges, nous voulons jouer les loques au propre et au figuré, bras ballants, têtes engonsées dans le col, balançant notre corps au gré d'un vent imaginaire et comme suspendus à la potence. Un cri d'horreur fuse depuis un balcon, nous fuyons…

Nous avons enfin assez marché pour ne plus entendre la musique, le demi-silence nous rafraîchit et dessoule, l'aube est encore à venir mais semble faire signe par de petits courants d'air frileux. L'océan est proche.

Alors sans réfléchir nous ébauchons avec nos vestes des naturelles (moi) et des véroniques (toi). Entre ces deux murs de HLM, l'air passe vite et fort, il bat là-haut le linge accroché au fil qui va de fenêtre en fenêtre. Nous toréons et découvrons qu'en sourdine une voix d'homme nous accompagne par des olés graves et prolongés. Ce subit encouragement nous transfigure. Comment au bout de cette nuit, peut-il y avoir encore un timbre fraternel ? Nos gestes s'appliquent, et nous aussi fredonnons des olés. Et puis comme si les voix de la feria n'avaient pas été suffisantes, voilà que plusieurs fenêtres de cette arrière-cour s'allument et des olés et encore des olés fusent au rythme de nos passes virtuelles. Cinq bonnes minutes. On rigole tous comme au cirque. Il ne nous reste plus qu'à saluer mais déjà les fenêtres se sont refermées. On rentre en saltimbanques, inventant notre chemin.

    Petit monde à nous, rien qu'à nous et avec le vent.

SIERRA MORENA

Lézard aux yeux cloués sur l'Afrique. Chênes, crucifix, lynx, mangoustes, chasseurs égarés, rires gras de paysans sans pays. Je t'aime Sierra Morena et te plains, chargée de clôtures, de cimetières, de chemins sans destin. Terre de bergers sans amour.

Qui t'a muselée d'ignorance? J'ai senti dans mes mollets la tendresse, sous mes paumes ton âpre générosité...

LES ALPES

    Quand toutes les Alpes auront perdu leurs neiges, qu'elles seront devenues frêles et graves, que leur sang blanc aura dévalé les vallées de France, vomi ses flocons jusqu'aux lits de Camargue, jusqu'aux îles, quand leur squelette se sera présenté nu à la face du monde, que leurs boursouflures épiques se simplifieront, enfin libérés, nous irons cueillir des miroirs dans leurs rides.

MINISTRES !

Hé là! Vous algébrez dans les quartiers, lancez des phrases sur les trottoirs qui rebondissent aux oreilles des enfants, près des passages. Vous arc-boutez les tours de l'histoire qui jusqu'alors veillaient comme des mères. Vous traînez des idées étonnées de vous suivre, écrabouillez les douces certitudes que l'herbe des talus nous avait offertes.

Arrêtez d'interjecter, arrêtez d'apostropher, soulignez vos cris de baisers généreux et de rires. Et reprenez dans les vôtres les mains des enfants qui traversent dans le noir les passages de l'histoire.

Donnez-nous l'espace qu'on nous avait volé pour que, dans

l'interminable dernier soir, nous puissions atteindre le coin de ciel, là-bas, qui ne pourrait se coucher sans nous.

LE MONASTÈRE

Le grand carré du monastère héberge les enfances et les protège du passé qui les a gifflées. La porte en haut fait entrer le ciel, le futur parfume nos pieds en grande amitié.

Tout l'Univers est une prière, de petits souffles sur les rosiers la chuchotent pour nous.

Offrez-nous Mon Dieu d'arrêter toute hâte, d'ouvrir les carrés, de boire à tout destin.

TABLE

Ecriture
Ecrire 9
Ecrire (2) 11
Lecteur 12
Lecteur (2) 14
Dé 29
Les mots 35
Les mots (2) 37
Lettres volées 38
Tribulations 39
Diagnostic 42
Eloge au défilé
La vie à vélo 47
Eloge au défilé 51
Trottoir et Paso 57
Procession 61
Petites proses
La caresse du ciel 65
Casa Boulieu 67
Aubrac 69
Aubrac (2) 71
El lobo 73
La casse 78
Alameda 83
La Puebla del Río 86
Sierra Morena 93
Les Alpes 94
Ministres! 95
Le monastère 97

Dépôt légal juillet 2015

*Imprimé par BoD – Books on Demand,
Norderstedt*

ISBN : 9782322019779